°F pièce
6031

Dépôt légal
(Haute-Garonne)
N° 128
1923

DÉPARTEMENT DE LA HAUTE-GARONNE

Service Public de Transports en Commun par Voitures Automobiles

(Voyageurs. — Messageries. — Marchandises.)

AF494079

RÉSEAU PRIMAIRE

LA SOCIÉTÉ ANONYME DES TRANSPORTS ÉCONOMIQUES DÉPARTEMENTAUX
DE LA HAUTE-GARONNE

(Société des T. E. D.), *Entrepreneur*.

DÉCRET -- CONVENTION -- CAHIER DES CHARGES

ET

NOTE TECHNIQUE

TOULOUSE
LES FRÈRES DOULADOURE
IMPRIMEURS
39, RUE SAINT-ROME, 39

1923

DÉPARTEMENT DE LA HAUTE-GARONNE

Service Public de Transports en Commun par Voitures Automobiles.

(Voyageurs. — Messageries. — Marchandises.)

RÉSEAU PRIMAIRE

BIBLIOTHÈQUE NATIONALE
R F

LA SOCIÉTÉ ANONYME DES TRANSPORTS ÉCONOMIQUES DÉPARTEMENTAUX
DE LA HAUTE-GARONNE

(Société des T. E. D.), *Entrepreneur.*

DÉCRET -- CONVENTION -- CAHIER DES CHARGES

ET

NOTE TECHNIQUE

Pièce
8° F
6031

TOULOUSE
LES FRÈRES DOULADOURE
IMPRIMEURS
39, RUE SAINT-ROME, 39
1923

MINISTÈRE
DES
TRAVAUX PUBLICS

RÉPUBLIQUE FRANÇAISE

DÉCRET

Le Président de la République française,

Sur le rapport du Ministre des Travaux publics,

Vu les délibérations du Conseil général de la Haute-Garonne, en date des 3 juillet 1919, 5 janvier 1920, 4 mai 1921 et 28 avril 1922, et de la Commission départementale, en date du 28 février 1920, concernant l'organisation et le fonctionnement d'un service public régulier de transports par automobiles pour voyageurs, bagages, messageries et pour marchandises, comprenant quatorze lignes;

Vu la Convention passée, le 28 septembre 1923, entre le Préfet de la Haute-Garonne, agissant au nom du département, et M. Joseph Legrand, administrateur délégué de la « Société des Transports économiques départementaux », agissant au nom et pour le compte de cette Société, pour l'organisation et l'exploitation du service précité, conformément aux clauses et conditions du Cahier des charges annexé à ladite Convention;

Vu l'avis du Conseil général des Ponts et Chaussées en date des 2 janvier 1918, 3 octobre 1919, 22 mai et décembre 1920, 29 avril 1921, 24 février et 21 juillet 1922;

Vu la lettre du Ministre de l'Intérieur, en date du 6 octobre 1922;

Vu l'article 65 de la loi de finances du 26 décembre 1908 et le décret portant règlement d'administration publique du 5 juin 1909;

Vu l'article 12 de la loi du 31 décembre 1918 et l'article 16 de la loi du 30 juin 1923;

La Section des Travaux publics, de l'Agriculture, du Commerce, de l'Industrie, des Postes et des Télégraphes, du Travail et de la Prévoyance sociale, du Conseil d'État entendue,

DÉCRÈTE :

ARTICLE PREMIER. — Est approuvée la Convention passée le 28 septembre 1923, entre le Préfet de la Haute-Garonne, agissant au nom du département, et M. Joseph Legrand, administrateur-délégué de la « Société des Transports économiques départementaux », faisant élection de domicile à Toulouse, 11, rue des Moutons, agissant au nom et pour le compte de ladite Société, pour l'organisation et l'exploitation dans ce département, conformément aux clauses et conditions du Cahier des charges joint à ladite Convention, d'un service public régulier de transports par automobiles, affecté aux voyageurs, bagages, messageries et aux marchandises, comprenant les quatorze lignes suivantes :

1° De Toulouse à Verfeil,
2° De Toulouse à Saint-Félix,
3° De Saint-Gaudens à Boulogne-sur-Gesse,
4° De Saint-Gaudens à Saint-Béat,
5° De Boussens à Aurignac,
6° De Martres-Tolosane à Saint-Gaudens par Aurignac,
7° De Toulouse à Villemur par Montjoire,
8° De Toulouse à Villemur par Montastruc,
9° De Toulouse à Bourg-Saint-Bernard,
10° De Toulouse à Montgeard,
11° De Salies-du-Salat à Arbas.
12° De Toulouse à Saint-Pé-del-Bosc,
13° De l'Isle-en-Dodon à Montréjeau,
14° De Cazères au Fousseret.

La Convention et le Cahier des charges susvisés resteront annexés au présent décret.

Art. 2. — Il est accordé au Département de la Haute-Garonne, sur les fonds du Trésor, pour l'entreprise précitée, une subvention qui, dans la limite d'un maximum annuel de 252.175 francs, sera égale à la moitié de la subvention globale payée par ce Département en exécution de la Convention visée ci-dessus, la ligne n° 13 de l'Isle-en-Dodon à Montréjeau n'étant subventionnée que pour une longueur de 28 kilomètres.

Cette subvention sera versée jusqu'au 31 décembre 1925 à partir de la date du présent décret, si le début de l'exploitation est antérieur à cette date, ou dans le cas contraire, à partir de la mise en exploitation du service. Pour la période postérieure au 31 décembre 1925 et jusqu'à l'expiration du contrat, le montant en sera revisé, s'il y a lieu, d'après les dispositions légales qui seront alors en vigueur.

Art. 3. — Le Ministre des Travaux publics est chargé de l'exécution du présent décret qui sera publié au *Journal Officiel de la République Française.*

Fait à Paris, le 12 octobre 1923 (1).

Signé : A. MILLERAND.

Par le Président de la République :

Le Ministre des Travaux publics,
Signé : Yves Le Trocquer.

(1) Décret inséré au *Journal Officiel* du 17 octobre 1923 (p. 9959).

DÉPARTEMENT DE LA HAUTE-GARONNE

Service Public de Transports en Commun par Voitures Automobiles.

(Voyageurs. — Messageries. — Marchandises).

RÉSEAU PRIMAIRE

La Société Anonyme des Transports Économiques Départementaux de la Haute-Garonne (Société des T. E. D.), *Entrepreneur.*

CONVENTION

Entre les soussignés :

M. Paul Second, préfet de la Haute-Garonne, officier de la Légion d'honneur, agissant au nom et pour le compte dudit département, en vertu de la délibération du Conseil général en date du 28 avril 1922 et de la décision de la Commission départementale du 17 septembre 1923,

d'une part,;

Et M. Joseph Legrand, faisant, pour l'exécution des présentes, élection de domicile à Toulouse, 11, rue des Moutons, et agissant à titre d'administrateur délégué, au nom et pour le compte de la Société des T. E. D., en vertu des décisions du Conseil d'administration de cette Société, en date du 11 novembre 1918,

d'autre part;

Sous réserve de l'obtention, par le Département, de la subvention de l'État prévue par l'article 65 de loi loi de finances du 26 décembre 1908, modifié par l'article 12 de la loi de finances du 31 décembre 1918, ce dernier maintenu en vigueur jusqu'au 31 décembre 1925 par l'article 16 de la loi du 30 juin 1923;

Il a été convenu ce qui suit :

Article premier.

La Société des T. E. D. s'engage à exploiter un reéseau de services publics de transports de voyageurs, de messageries et de marchandises, par voitures-automobiles, comprenant les lignes suivantes :

Ligne n° 1. — De Toulouse (place Matabiau) à Verfeil, en passant par ou près Montrabe, Beaupuy et Lavalette.

Ligne n° 2. — De Toulouse (place Matabiau) à Saint-Félix, en passant par ou près Saint-Orens, Fourquevaux, Labastide-Beauvoir, Saint-Germier, Beauville, Maurens et Vaux.

Ligne n° 3. — De Saint-Gaudens (gare Midi) à Boulogne-sur-Gesse (gare Sud-Ouest), en passant par ou près Saint-Marcet, Saint-Lary, et Blajan.

Ligne n° 4. — De Saint-Gaudens (gare Midi) à Saint-Béat (gare tramway), en passant par ou près Labarthe-de-Rivière, Sauveterre, Saint-Pé-d'Ardet et Fronsac.

Ligne n° 5. — De Boussens (gare Midi) à Aurignac, en passant par ou près Mancioux, Saint-Martory (gare Midi), Laffite-Toupière et Bouzin.

Ligne n° 6. — De Saint-Gaudens (gare Midi) à Martres-Tolosane (gare Midi), en passant par ou près Liéoux, Aulon, Saint-Élix-Séglan, Aurignac et Alan.

Ligne n° 7. — De Toulouse à Villemur, en passant par ou près Castelginest, Montberon, Villariès, Montjoire, La Magdeleine, Layrac et Bondigoux.

Ligne n° 8. — De Toulouse à Villemur, en passant par ou près l'Union, Saint-Jean, Castelmaurou, Garidech, Montastruc-Ville, Gémil, Buzet, Bessières, Mirepoix, Layrac et Bondigoux.

Ligne n° 9. — De Toulouse à Bourg-Saint-Bernard, en passant par ou près Lasbordes, Quint et Vallesvilles.

Ligne n° 10. — De Toulouse à Montgeard, en passant par ou près Ramonville-Saint-Agne, Auzeville, Castanet, Péchabou, Pompertuzat, Donneville, Montgiscard, Ayguevives, Saint-Léon et Nailloux.

Ligne n° 11. — De Salies-du-Salat à Arbas, en passant par ou près Mane, Montgaillard et Castelbiague.

Ligne n° 12. — De Toulouse à Saint-Pé-del-Bosc, en passant par ou près Frouzins, Seysses, Lamasquère, Labastidette, Le Lherm, Bérat, Labastide-Clermont, Pouy-de-Touges, Casties-Labrande, Polastron, Fabas, Lilhac, Escanecrabe et Ciadoux.

Ligne nº 13. — De l'Isle-en-Dodon à Montréjeau, en passant par ou près Anan, Saint-Laurent, Montbernard, Saint-Pé-del-Bosc, Blajan, Montmaurin, Larroque, Saint-Plancard, Loudet et Ponlat.

Ligne nº 14. — De Cazères au Fousseret,

conformément aux conditions du Cahier des charges annexé à la présente Convention.

La Société des T. E. D. se réserve le droit de rétrocéder l'entreprise à un tiers ou à une Société de son choix. En ce cas, le rétrocessionnaire sera purement et simplement substitué à la Société des T. E. D. dans tous ses droits et obligations, mais cette substitution devra être agréée par le Conseil général.

Article 2.

Pendant toute la durée de l'entreprise, le Département, avec le concours de l'État, la subventionnera dans les conditions fixées par les articles ci-après, à l'exclusion de toute entreprise de transports publics sur routes et chemins suivant le même parcours.

Le Département ne garantit d'ailleurs l'entrepreneur contre aucune concurrence.

Tous les frais d'organisation et de fonctionnement du service, toutes les dépenses entraînées par l'exécution des règlements intervenus ou à intervenir, toutes les indemnités qu'elle qu'en soit la cause, tous les impôts quelle qu'en soit la nature, seront supportés par l'entrepreneur sans aucun recours contre le Département. Il est spécifié que l'entrepreneur devra s'assurer contre les accidents pouvant survenir, tant à ses ouvriers et employés, qu'aux voyageurs et marchandises transportés par lui et aux tiers.

Le contrat d'assurances devra être accepté par le Préfet de la Haute-Garonne.

Les dépenses qui en résulteront font partie des charges de l'entreprise.

Article 3

L'entrepreneur aura le droit de demander la résiliation sans indemnité de son entreprise si, pour le premier semestre commençant le 1er janvier ou le 1er juillet qui suivra la date de la mise en exploitation, la recette brute moyenne, calculée sur l'ensemble du réseau, ne correspond pas à une recette annuelle de onze cents francs (1.100 francs) par kilomètre.

Il sera tenu, toutefois, de continuer le service pendant un mois à dater de sa demande de résiliation, sans avoir droit à aucune indemnité.

L'entrepreneur aura également le droit de supprimer le service, sans indemnité, sur toute la ligne dont la recette brute, réalisée après trois mois effectifs d'exploitation, ne correspondrait pas à une recette annuelle de mille francs (1.000 francs) par kilomètre.

Le même droit sera ouvert à l'entrepreneur pour toute ligne directement concurrencée par un chemin de fer d'intérêt local ou un tramway établi avec ou sans le concours financier du Département. Dans ce cas, d'ailleurs, l'entrepreneur aura le droit de supprimer le service, sans indemnité, un mois au plus après l'ouverture à l'exploitation de la voie ferrée concurrente.

Le Département aura les mêmes droits que ceux réservés à l'entrepreneur par les trois alinéas précédents. Il pourra, en conséquence, décider d'office la suppression, sans indemnité, de toute ligne directement concurrencée par une voie ferrée d'intérêt local ou dont la recette brute kilométrique, réalisée après trois mois effectifs d'exploitation, ne correspondrait pas à une recette annuelle de mille francs (1.000 francs) par kilomètre.

Article 4.

Jusqu'au 31 décembre 1925 au plus tard, délai limite fixé par l'article 16 de la loi du 30 juin 1923 pour le maintien en vigueur des dispositions de l'article 12 de la loi de finances du 31 décembre 1918, la subvention totale versée par le Département, avec le concours de l'État, sera calculée, pour chaque kilomètre parcouru, à raison de trente-quatre millimes (0 fr. 034) par place offerte aux voyageurs, de cinq cent dix millimes (0 fr. 510) par tonne de capacité offerte pour les bagages et messageries et de deux cents millimes (0 fr. 200) par tonne de capacité offerte pour les marchandises.

Cette subvention ne pourra dépasser au total, par an et pour l'ensemble des voies desservies, la somme de onze cents francs (1.100 francs) par kilomètre de longueur de voie publique desservie quotidiennement, sans que la subvention puisse s'appliquer à plus de 480 k. 500.

Quand, pour une année d'exploitation, la recette brute kilométrique moyenne R aura dépassé 1.250 francs (sans atteindre 1.400 francs); le maximum de la subvention sera réduit du cinquième de l'excédent, soit de :

0 fr. 20 (R — 1.250)

Quand la recette brute moyenne sera comprise entre 1.400 et 1.500 francs, la réduction sera de :

30 fr. + 0 fr. 40 (R — 1.400)

Quand la recette brute moyenne sera comprise entre 1.500 et 1.700 francs, la réduction sera de :

90 fr. + 0 fr. 60 (R—1.550)

Quand la recette brute moyenne dépassera 1.700 francs par kilomètre, la réduction sera de :

180 fr. + 0 fr. 80 (R — 1.700)

Six mois au moins avant l'expiration du délai limite fixé au paragraphe premier du présent article, il sera établi un avenant à la présente Convention en vue de déterminer le montant de la subvention due à l'entreprise pour le temps restant à courir jusqu'à son expiration.

ARTICLE 5.

Dans le cas où le Département imposerait à l'entrepreneur des voyages supplémentaires non prévus au Cahier des charges, ceux-ci resteront à la charge exclusive du Département et n'entreront pas en ligne de compte pour le calcul de la subvention à verser par l'État à la fin de chaque exercice.

Si l'entrepreneur établit de lui-même des voyages supplémentaires, il n'aura droit à aucune rétribution spéciale.

ARTICLE 5 *bis*.

Pour déterminer la recette kilométrique limite R, à envisager dans l'application des articles 3 et 4 ci-dessus, on portera en compte toutes les recettes provenant de :

1° Du transport des voyageurs, des messageries et des marchandises ainsi que de la consigne, du camionnage et des colis postaux, s'il y a lieu.

2° Du service des voyages supplémentaires prévus au Cahier des charges;

3° De la publicité dans les voitures, dans les arrêts, et, s'il y a lieu, sur les billets;

4° Des bénéfices provenant des ateliers de réparations, dans le cas où ils fonctionneraient comme garages publics d'automobiles, dépôt d'essence ou de pneumatiques. Il est entendu, toutefois, que l'entrepreneur ne sera pas tenu d'affecter ses ateliers à ce service;

5° Des recettes provenant du service des Postes, s'il y a lieu.

ARTICLE 5 *ter*.

La Société des T. E. D. s'engage à réorganiser et à reprendre le service trois mois au plus après notification de la décision du Conseil général, sur toutes les lignes visées à l'article premier de la présente Convention.

Le Département garantit à l'entrepreneur, pour toute la période qui s'écoulera entre la date de la mise en service de chacune de ces lignes et le décret approbatif de la présente Convention, la totalité de la subvention déterminée à l'article précédent.

Article 5 *quater*.

A partir du 1er janvier 1922, l'entrepreneur devra prélever, par an, sur les recettes d'exploitation, une somme de 100 francs par kilomètre pour constituer un fonds spécial de réserve destiné au renouvellement du matériel.

Ce fonds spécial, dont l'entrepreneur percevra seul les revenus, sera constitué à son choix, soit en obligations ou actions des six grandes Compagnies de chemins de fer français, soit en titres garantis par l'État ou émis par les colonies françaises et pays de protectorat.

Il restera déposé à la Caisse des Dépôts et Consignations, ou dans une banque agréée par le Département.

Il cessera d'être alimenté dès qu'il aura atteint 250 francs par kilomètre exploité.

L'entrepreneur n'y pourra toucher que d'accord avec le Préfet, et exclusivement, pour le renouvellement du matériel reconnu hors d'usage par le Service du Contrôle, l'entrepreneur entendu.

Il devra, au besoin, être progressivement rétabli chaque année par des prélèvements identiques sur la recette brute kilométrique.

A l'expiration du traité, les sommes restées disponibles, sur ce fonds, reviendront à l'entrepreneur.

Article 6.

Sauf l'exception stipulée à l'article 5 *ter* précédent, le versement de la subvention due à l'entrepreneur s'effectuera conformément aux règles ci-après :

Le Département percevra la subvention de l'État et restera seul chargé de verser la somme due à l'entrepreneur.

Le compte de la subvention sera arrêté conformément au règlement d'administration publique du 5 juin 1909.

L'entrepreneur recevra trimestriellement, du Département, des acomptes sur la subvention due, mais ces acomptes ne pourront jamais être supérieurs aux 9/10mes de la subvention totale maximum correspondant à la période de temps écoulée.

Le solde de la subvention ne sera remis à l'entrepreneur qu'après le versement de la subvention de l'État dans la Caisse du Département.

Article 6 *bis*.

Il sera remis au Préfet, par les soins de l'entrepreneur, dans le mois qui suivra la date du décret approbatif de la présente Convention, soixante-quinze (75) exemplaires d'une brochure imprimée contenant, à la suite du texte de ce décret, avec la référence au numéro du *Journal Officiel* qui l'aura sanctionné, le texte de cette Convention, ainsi que du Cahier des charges et de la Note technique y annexés. Le « Bon à tirer » de cette brochure sera donné par l'Ingénieur en chef du Contrôle.

Article 6 *ter*.

La présente Convention annule et remplace celle du 5 janvier 1913 approuvée par décret du 19 mai 1913, ainsi que toutes autres Conventions intervenues depuis, entre le Département et la Société des T. E. D., concernant l'exploitation et l'organisation de services de transports automobiles pour voyageurs, messageries et marchandises, pour lesquels était prévue l'allocation d'une subvention de l'État.

Article 7

Les frais de timbre et d'enregistrement de la présente Convention et du Cahier des charges y annexé seront supportés par l'entrepreneur.

Fait en double exemplaire,

A Toulouse, le 28 septembre 1923.

L'entrepreneur,

Signé : Legrand.

Le Préfet,

Signé : Paul Second.

Enregistré à Toulouse (Dom.)
le 28 septembre 1923, – f° 43, — c^e 5.
Reçu : six francs.

Signé : Martin, *receveur.*

DÉPARTEMENT DE LA HAUTE-GARONNE

Service Public de Transports en Commun par Voitures Automobiles.

(Voyageurs. — Messageries. — Marchandiees).

RÉSEAU PRIMAIRE

La Société Anonyme des Transports Économiques Départementaux
de la Haute-Garonne
(Société des T. E. D.), *Entrepreneur.*

CAHIER DES CHARGES

TITRE PREMIER

Définition et durée de l'Entreprise.

ARTICLE PREMIER.

Objet de l'entreprise.

Le service régulier des transports automobiles, qui fait l'objet du présent Cahier des charges, comprendra les lignes suivantes :

Ligne n° 1. — De Toulouse (place Matabiau) à Verfeil, en passant par ou près Montrabe, Beaupuy et Lavalette.

Ligne n° 2. — De Toulouse (place Matabiau) à Saint-Félix, en passant par ou près Saint-Orens, Fourquevaux, Labastide-Beauvoir, Saint-Germier, Beauville, Maurens et Vaux.

Ligne n° 3. — De Saint-Gaudens (gare Midi) à Boulogne-sur-Gesse (gare Sud-Ouest), en passant par ou près Saint-Marcet, Saint-Lary et Blajan.

Ligne n° 4. — De Saint-Gaudens (gare Midi) à Saint-Béat (gare tramway), en passant par ou près Labarthe-de-Rivière, Sauveterre, Saint-Pé-d'Ardet et Fronsac.

Ligne n° 5. — De Boussens (gare Midi) à Aurignac, en passant par ou près Mancioux, Saint-Martory (gare Midi), Laffitte-Toupière et Bouzin.

Ligne n° 6. — De Martres-Tolosane (gare Midi) à Saint-Gaudens (gare Midi), en passant par ou près Alan, Aurignac, Saint-Élix-Seglan, Aulon et Liéoux.

Ligne n° 7. — De Toulouse à Villemur, en passant par ou près Castelginest, Montberon, Villariès, Montjoire, La Magdeleine, Layrac et Bondigoux.

Ligne n° 8. — De Toulouse à Villemur, en passant par ou près l'Union, Saint-Jean, Castelmaurou, Garidech, Montastruc-Ville, Gémil, Buzet, Bessières, Mirepoix, Layrac et Bondigoux.

Ligne n° 9. — De Toulouse à Bourg-Saint-Bernard, en passant par ou près Lasbordes, Quint et Vallesvilles.

Ligne n° 10. — De Toulouse à Montgeard, en passant par ou près Ramonville-Saint-Agne, Auzeville, Castanet, Péchabou, Pompertuzat, Donneville, Montgiscard, Ayguevives, Saint-Léon et Nailloux.

Ligne n° 11. — De Salies-du-Salat à Arbas, en passant par ou près Mane, Montgaillard et Castelbiague.

Ligne n° 12. — De Toulouse à Saint-Pé-del-Bosc, en passant par ou près Frouzins, Seysses, Lamasquère, Labastidette, Le Lherm, Bérat, Labastide-Clermont, Pouy-de-Touges, Casties-Labrande, Polastron, Fabas, Lilhac, Escanecrabe et Ciadoux.

Ligne n° 13. — De l'Isle-en-Dodon à Montréjeau, en passant par ou près Anan, Saint-Laurent, Montbernard, Saint-Pé-del-Bosc, Blajan, Montmaurin, Larroque, Saint-Plancard, Loudet et Ponlat.

Ligne n° 14. — De Cazères au Fousseret.

Article 2.

Détermination des longueurs des lignes et de leurs sections.

A défaut de chaînage officiel antérieur, la longueur des lignes sera déterminée au moyen d'un chaînage contradictoire effectué par un représentant de l'Administration et par un agent de l'entrepreneur.

Il en sera de même pour les longueurs à déterminer entre les différents arrêts prévus par l'article 9 ci-après ou créés en cours d'exécution.

La longueur totale admise au bénéfice de la subvention est provisoirement évaluée à 480 k. 500.

Article 3.

Durée de l'entreprise.

L'entreprise aura une durée de sept années, à partir de la date du décret approbatif, si le début de l'exploitation est antérieur à cette date, ou, dans le cas contraire, à partir de la mise en exploitation.

TITRE II

Obligations imposées à l'Entrepreneur pour le Service des Voyageurs, Messageries et Marchandises.

Article 4.

Composition du matériel.

Le matériel comprendra au moins :

1° Quinze voitures pouvant porter directement, chaque jour et dans chaque sens, sur chaque ligne exploitée et sur toute la longueur du parcours desservi, au moins 20 voyageurs, 500 kilos de bagages et messageries, et 2 tonnes de marchandises, ou 30 voyageurs et 500 kilos de messageries (voitures mixtes ou grandes voitures);

2° Huit voitures pouvant porter directement, aux jours fixés par l'article 10 ci-après, dans chaque sens, sur chaque ligne exploitée, et sur toute la longueur du parcours desservi, 14 voyageurs et 250 kilos de messageries (petites voitures);

3° Six remorques pouvant porter directement, dans chaque sens, sur les lignes et aux jours indiqués à l'article 10 ci-après, au moins 2 tonnes de marchandises.

Les dispositions générales des véhicules seront agréées par le Préfet, ainsi que les modifications qui leur seraient apportées en cours d'exploitation.

Le matériel sera constitué de façon que la charge d'un essieu ne dépasse pas 2.500 kilos pour les voitures et 3.000 kilos pour les camions, et que le poids par centimètre de largeur de jante ne dépasse 150 kilos.

Les roues des voitures pour voyageurs et celles des camions ou remorques pour marchandises seront munies de bandages en caoutchouc ou de tous autres bandages qui seront reconnus, par le Préfet, présenter une élasticité suffisante.

Le type des premiers bandages devra être soumis à l'agrément de l'Ingénieur en chef du Contrôle.

Si, en cours d'exploitation, des perfectionnements de nature à diminuer, dans une mesure appréciable, l'usure des chaussées, sont apportés dans la fabrication, des bandages, le concessionnaire devra, à chaque renouvellement du stock en approvisionnement, munir ses voitures et camions de bandages perfectionnés.

Le type à appliquer sera d'ailleurs, au préalable, soumis à l'agrément de l'Ingénieur en chef du Contrôle.

Article 5.

Moteurs et freins.

Les moteurs seront établis avec tous les soins nécessaires pour assurer un service régulier.

Leur puissance permettra de faire circuler, sur une chaussée à l'état d'entretien, les voitures à la vitesse effective de 25 kilomètres à l'heure en palier et de 15 kilomètres pour l'ensemble du parcours, et les camions à la vitesse effective de 15 kilomètres à l'heure en palier, et de 10 kilomètres pour l'ensemble du parcours.

L'échappement de la fumée ou des gaz s'effectuera, soit au-dessus des voitures, soit en dessous et horizontalement pour éviter de dégrader la chaussée et de soulever la poussière, et sans que, dans les deux cas, il puisse en résulter de la gêne pour les voyageurs.

Les véhicules devront d'ailleurs satisfaire à toutes les conditions imposées aux autres voitures automobiles.

Chacun des deux freins, prévus à l'article 23 du décret du 31 décembre 1922, sera assez puissant pour permettre d'arrêter, sur une distance de 20 mètres, la voiture marchant sur la plus forte pente du parcours à la vitesse de 25 kilomètres à l'heure.

Article 6.

Les voitures à voyageurs et les voitures mixtes seront closes et couvertes, sauf dérogation autorisée par le Préfet.

La hauteur intérieure des caisses, entre le parquet et le plafond, dans l'axe des voitures, sera porté à 1 m. 70 au minimum, tout au moins lors des grosses réparations qu'elles auront à subir ou lors de leur renouvellement.

L'espace libre entre les banquettes sera d'au moins 0 m. 60 lorsqu'elle se feront face; dans le cas contraire, la distance entre une banquette et le dossier de la banquette voisine sera d'au moins 0 m. 35.

La longueur minima de banquette affectée à chaque place, quelle que soit la longueur des parcours et le nombre de places de la banquette, sera porté à 0 m. 48 tout au moins lors des grosses réparations qu'elles auront à subir, ou lors de leur renouvellement. La largeur des banquettes sera de 0 m. 45 au minimum.

Les marchepieds des voitures seront d'un accès facile, et les plates-formes s'il y a lieu, seront disposées de façon que les voyageurs puissent y séjourner en toute sécurité pendant la marche.

Les baies seront munies de panneaux ou de glaces mobiles susceptibles de les fermer hermétiquement. Elles seront garnies de stores.

Au-dessus des banquettes seront disposés des filets pour le rangement des colis à la main.

Les voitures seront éclairées à l'intérieur pendant la nuit.

Quand la température extérieure descendra au-dessous de six degrés, le chauffage des voitures sera assuré par un procédé offrant toutes les garanties de salubrité voulues.

Les voitures seront toujours entretenues en parfait état de propreté.

Des bâches imperméables mettront les bagages, messageries et marchandises à l'abri de la pluie; les voitures mixtes devront être munies d'agrès pour la manutention et l'arrimage des marchandises.

Article 7.

Camions ou remorques.

Les camions ou remorques destinés au transport des marchandises seront pourvus de bâches imperméables mettant le chargement complet à l'abri de la pluie. Ils seront munis d'agrès pour la manutention et l'arrimage des marchandises.

Article 8.

Essais et réception du matériel.

L'entrepreneur sera tenu d'effectuer à ses frais les opérations nécessaires pour les vérifications réglementaires préalables à la mise en service.

Article 9.

Bureaux et arrêts.

Les bureaux de l'exploitation seront installés à Toulouse et à Saint-Gaudens.

Des arrêts seront établis dans les diverses localités traversées, aux emplacements fixés par le Préfet, l'entrepreneur entendu.

L'entrepreneur sera tenu d'avoir, à ces arrêts, des correspondants pour le service des voyageurs et pour celui des marchandises. Celles-ci pourront être déposées dans un local clos et couvert.

Des arrêts sans correspondants seront établis à certains points du parcours déterminés par le Préfet, l'entrepreneur entendu. Ils seront indiqués par un poteau ou une plaque murale. Ces arrêts seront obligatoires.

En cours d'exploitation, le Préfet, l'entrepreneur entendu, pourra fixer de nouveaux arrêts fixes sans correspondants, ainsi que des arrêts facultatifs. Les emplacements de ces arrêts seront indiqués par un poteau, une plaque murale ou tout autre moyen agréé par le Préfet.

Article 10.

Nombre de voyages.

Le nombre de voyages à effectuer avec le matériel défini à l'article 4 ci-dessus est fixé comme il suit :

Service normal régulier. — Un voyage par jour dans chaque sens sur chacune des lignes entières du réseau avec une grande voiture mixte (voyageurs, messageries et marchandises).

En plus un aller et retour hebdomadaire avec une petite voiture de 14 places et 250 kilos de messageries, fait à jour fixe, et, autant que possible, le jour du marché de la localité terminus.

Services supplémentaires pour voyageurs. — En plus du service normal régulier défini ci-dessus, deux voyages aller et retour hebdomadaires supplémentaires, avec une petite voiture de 14 places et 250 kilos de messageries, pouvant être faits à des jours variables suivant les nécessités du trafic, sur chacune des lignes ci-après :

Ligne n° 1. — De Toulouse à Verfeil,
Ligne n° 3. — De Saint-Gaudens à Boulogne-sur-Gesse,
Ligne n° 8. — De Toulouse à Villemur, par Montastruc.

Ces voyages supplémentaires s'effectueront dans chaque sens et sur toute la longueur de la ligne.

Services spéciaux pour marchandises. — En plus du service normal régulier et pouvant être fait à des jours variables, suivant les nécessités du trafic :

Quatre voyages aller et retour hebdomadaires, avec remorque, sur chacune des lignes ci-après :

Ligne n° 1. — De Toulouse à Verfeil,
Ligne n° 3. — De Saint-Gaudens à Boulogne-sur-Gesse,
Ligne n° 8. — De Toulouse à Villemur, par Montastruc.

Un voyage aller et retour hebdomadaire avec remorque, sur chacune des lignes ci-après :

Ligne n° 6. — De Martres-Tolosane à Saint-Gaudens,
Ligne n° 12. — de Toulouse à Saint-Pé-del-Bosc.

En cours d'exploitation, l'entrepreneur pourra ne mettre en service, pour les voyageurs, que des voitures de six places au minimum, effectuant au moins un voyage aller et retour, mais sous les deux conditions ci-après :

1° Il sera tenu de mettre en route, aux têtes de lignes, tous les voyageurs qui auraient retenu leur place la veille du départ, avant 15 heures, mais seulement jusqu'à concurrence du nombre qui aurait pu être normalement transporté avec les voitures prévues à l'article 4;

2° Le total annuel des places kilométriques offertes sur chacune des lignes devra être au moins égal à celui qui résulterait du service complet défini ci-dessus avec les voitures prévues à l'article 4. Au cas où cette condition ne serait pas remplie, l'entrepreneur serait passible des pénalités fixées par l'article 16. Pour établir le montant des retenues à faire subir de ce chef à l'entrepreneur, on déterminera, d'une part, le nombre de places kilométriques dues et non offertes pendant l'année, d'autre part, le nombre de places kilomètres correspondant à un voyage aller et retour effectué avec les voitures réglementaires définies à l'article 4; le quotient de ces deux chiffres représentera le nombre de voyages aller et retour supprimé donnant lieu à l'application de la pénalité prévue par l'article 16.

En cours d'exploitation, l'entrepreneur pourra être autorisé par le Préfet à modifier le nombre et la capacité des véhicules ainsi que le nombre des voyages, sous la réserve que les nombres totaux des places offertes et des tonnes pouvant être transportées pendant l'année entière ne soient pas inférieurs à ceux résultant des dispositions combinées du premier alinéa du présent article et du premier alinéa de l'article 5 ci-dessus.

L'entrepreneur sera dispensé du service spécial des marchandises toutes les fois que, dans les limites où le service des bagages et messageries laissera de la place disponible et sans incommoder en aucune façon les voyageurs, il pourra utiliser les galeries ou coffres des voitures à voyageurs pour le transport des marchandises.

Article 11.

Marche des voitures et camions.

L'horaire des voitures sera arrêté par le Préfet, sur les propositions de l'Ingénieur en chef du Contrôle, après avis du Directeur des Postes, l'entrepreneur entendu. Il sera établi avec une vitesse commerciale de 15 kilomètres à l'heure au minimum.

Le Préfet arrêtera, sur la proposition de l'entrepreneur, l'heure de départ normal du camion.

Les voitures ne seront tenues de s'arrêter qu'aux arrêts portés sur l'horaire.

Les camions s'arrêteront à tout arrêt régulier où ils auront à prendre ou à laisser des marchandises.

En cas d'affluence des voyageurs, l'entrepreneur ne sera pas tenu de faire un service plus intensif que celui qui est prévu à l'article 10 ci-dessus.

L'entrepreneur devra, à la fin de chaque semaine, adresser à l'Ingénieur en chef du Contrôle le tableau journalier du service qu'il a l'intention de réaliser la semaine suivante.

Il donnera immédiatement avis également à l'Ingénieur en chef de toutes les modifications que, dans le cours de chaque semaine, il aura été amené à apporter au service annoncé par le tableau afférent à cette semaine.

Ledit tableau devra être affiché dans toutes les stations.

TITRE III

Tarifs.

Article 12.

Voyageurs et bagages.

Les prix applicables aux diverses sections seront fixés par le Préfet, sur la proposition de l'entrepreneur.

Ils seront établis d'après les tarifs maxima suivants :

Voyageurs. — 20 centimes par kilomètre avec minimum de perception de 0 fr. 60.

Les enfants au-dessous de trois ans ne payeront rien à la condition d'être tenus sur les genoux. De trois à sept ans, ils payeront demi-place.

Bagages. — Les bagages seront transportés en franchise jusqu'à 10 kilos au delà, le surplus sera taxé au tarif des messageries, sans que le poids total d colis présentés comme bagages par un voyageur puisse dépasser 50 kilos.

Les manutentions seront faites gratuitement par l'entrepreneur.

Aux différents arrêts avec correspondant, il pourra être retenu des place moyennant un supplément de 0 fr. 25 par place.

Le prix de la place et le supplément seront payés au moment où la place ser retenue.

Au cas où une place retenue ne serait pas occupée à l'heure du départ, ell pourra être mise à la disposition du public sans que l'entrepreneur puisse êtr tenu au remboursement envers le locataire de la place, si celle-ci ne trouve pas preneur.

Les voyageurs ayant retenu leur place auront la priorité sur les autres voyageurs se présentant au même arrêt; ils exerceront ce droit dans l'ordre de leur inscription.

En cas d'affluence de voyageurs, l'entrepreneur ne sera pas tenu à un service plus intensif que celui prévu à l'article 10 ci-dessus.

Article 13.

Messageries.

Sont considérés comme messageries les colis pesant au plus 50 kilos, transportés par les voitures à voyageurs.

Les tarifs maxima seront les suivants :

1° Pour les colis d'un poids inférieur à 10 kilos : 0 fr. 040 par kilomètre avec minimum de perception de 0 fr. 50.

2° Pour les colis d'un poids compris entre 10 et 25 kilos : 0 fr. 075 par kilomètre, avec minimum de perception de 1 franc;

3° Pour les colis d'un poids compris entre 25 et 50 kilos : 0 fr. 12 par kilomètre, avec minimum de perception de 2 francs.

L'expéditeur aura la faculté de déclarer la valeur des messageries expédiées, cette valeur devant servir à fixer le montant de l'indemnité due en cas de perte ou d'avarie.

Les messageries ainsi expédiées seront passibles d'une taxe supplémentaire dont le prix ne pourra excéder 2 % du montant de la déclaration.

Le transport de tout colis d'une valeur supérieure à 1.500 francs ne pourra être effectué qu'en vertu d'un accord préalable entre l'entrepreneur et l'expéditeur.

Article 14.

Marchandises.

Le prix maximum applicable aux marchandises sera de un franc vingt centimes (1 fr. 20) par tonne et par kilomètre, avec minimum de perception de 3 francs.

Les poids seront comptés par fractions indivisibles de 25 kilos.

L'entrepreneur pourra se refuser à transporter les masses indivisibles pesant plus de 500 kilos et tout colis dont les dimensions excéderaient celles du matériel en service.

Pour les denrées ou objets qui ne péseraient pas 200 kilos sous le volume d'un mètre cube, le tarif sera majoré de moitié, sans que, en aucun cas, la taxe à percevoir puisse être supérieure à celle qui résulterait de l'application du tarif simple au poids fictif calculé à raison de 200 kilos par mètre cube.

Les matières inflammables ou explosibles, les objets dangereux ne seront pas admis dans les véhicules de la ligne.

L'expéditeur aura la faculté de déclarer la valeur des marchandises expédiées, auquel cas les clauses relatives aux messageries, stipulées aux trois derniers alinéas de l'article 13, seront seules applicables.

Aux arrêts avec correspondants, les prix de transport comprennent les opérations de chargement et de déchargement pour les colis pesant au maximum 100 kilos.

Pour les autres colis, à ces derniers arrêts, et partout ailleurs pour tous les colis, les opérations de chargement ou de déchargement seront faites par les soins et aux risques et périls des expéditeurs ou destinataires. Au cas où l'entrepreneur se chargerait d'effectuer ces opérations, elles donneront lieu à la perception de taxes spéciales fixées par le Préfet.

L'entrepreneur ne sera pas tenu d'effectuer les opérations de camionnage à domicile. S'il les entreprend, elles donneront lieu à la perception de taxes spéciales à déterminer par le Préfet, sur sa proposition.

Un droit d'enregistrement fixé à trente centimes (o fr. 30) au maximum et, s'il y a lieu, de manutention, sera perçu pour chaque expédition.

Les marchandises seront mises à la disposition du destinataire au plus tard le surlendemain du jour où elles auront été remises à l'entrepreneur ou à ses correspondants. Si ce surlendemain tombe un dimanche ou un jour férié, la remise sera ajournée au premier jour ouvrable suivant à moins que le destinataire ne demande la livraison au jour férié.

Les délais ci-dessus ne sont obligatoires que dans la limite de la capacité de transport définie aux articles 4 et 10 ci-dessus.

L'expéditeur qui désirerait remettre ses marchandises à des arrêts sans correspondants devra prévenir l'entrepreneur ou un de ses correspondants vingt-quatre heures à l'avance. Au cas où la capacité de transport du matériel serait déjà entièrement utilisée, l'entrepreneur devra, avant l'expiration du délai de vingt-quatre heures, prévenir l'expéditeur de l'impossibilité de prendre livraison de la marchandise.

Un arrêté préfectoral réglera, s'il y a lieu, l'entrepreneur entendu, les délais et conditions dans lesquels sera effectué le magasinage aux arrêts avec correspondants, ainsi que les taxes qui pourraient être perçues soit dans ces arrêts, soit après expiration d'une durée de magasinage gratuit, soit dans les arrêts sans correspondant, si l'entrepreneur se chargeait d'y effectuer le magasinage. En aucun cas l'entrepreneur ne sera tenu d'effectuer le magasinage d'une quantité de marchandises supérieure à celle qu'il est tenu d'accepter au transport.

Dans tous les cas où des marchandises acceptées par l'entrepreneur à des arrêts à correspondants ne pourraient être transportées dans les délais réglementaires, l'entrepreneur sera tenu d'en effectuer gratuitement le magasinage au départ jusqu'au moment où il pourra effectuer le transport.

Article 14 *bis*.

Revision des tarifs.

Les tarifs maxima applicables au transport des voyageurs, messageries et marchandises, pourront être revisés tous les six mois à la requête de la partie la plus diligente.

Pour opérer cette revision, on considérera tout d'abord que les tarifs maxima fixés par le présent Cahier des charges ont été déterminés en admettant que la dépense actuelle en matières consommables essentielles (carburants, lubrifiants et bandages) ramenée au kilomètre parcouru par une grande voiture ou par une voiture mixte est de 1 fr. 15 suivant le détail ci-après :

Essence ou benzol :

0l47 à 160 francs l'hectolitre.............................. 0 752

Huile et graisse :

0k04 à 285 francs les 100 kilos........................... 0 114

Bandages pleins, le jeu de six bandages de 1000×130 à raison de 479 francs l'un, usés en 10.000 kilomètres.......... 0 287

Total.......................... 1f 153

Soit.......................... 1f 15

Il est bien précisé d'une part que les prix unitaires indiqués ci-dessus s'entendent pour des matières rendues dans le magasin de l'entrepreneur à Toulouse, octroi compris, et que, d'autre part, les quantités d'essence et d'huile consommées par kilomètre, ainsi que la durée des bandages sont conventionnellement fixées une fois pour toutes.

Dans la première quinzaine des mois de décembre et de juin de chaque année, il sera procédé, par un expert désigné d'accord par le Préfet et par l'entrepreneur, ou nommé, en cas de désaccord, par le Vice-Président du Conseil de Préfecture de la Haute-Garonne, à la revision des prix élémentaires ayant servi à déterminer la dépense détaillée ci-dessus.

Cette revision devra être effectuée dans un délai de dix jours au plus.

Les frais de l'expertise seront supportés par moitié par le Département et par l'entrepreneur.

Si cette revision fait ressortir une variation de plus de 10 %, en plus ou en moins, de la dépense en matières essentielles consommées (carburants, lubrifiants et bandages), les tarifs maxima seront revisés : toute variation de 1 % entraînera une variation de cinq pour mille des tarifs maxima, lesquels seront arrondis au demi-décime le plus voisin.

Les nouveaux tarifs maxima seront soumis à l'approbation du Préfet, dans les dix jours qui suivront l'achèvement de la revision de la dépense et devront être appliqués dans le délai de cinq jours à compter de leur approbation.

Article 15.

Dispositions communes aux voyageurs, messageries et marchandises.

Les tarifs maxima prévus aux articles 12, 13 et 14 pourront être modifiés par le Préfet, d'accord avec l'entrepreneur. Des tarifs degressifs pourront être établis pour les longs parcours.

Tous les prix indiqués aux articles 12, 13 et 14 comprennent les impôts établis ou à établir par l'État sur les transports.

L'entrepreneur portera à la connaissance du public, par voie d'affiches, quinze jours avant leur mise en application, les taxes qu'il se propose de percevoir. Il les communiquera en même temps au Préfet, qui s'assurera que ces taxes rentrent dans les limites des maxima inscrits au présent Cahier des charges. Les taxes abaissées ne pourront être relevées qu'après un délai de un mois au moins.

La perception des dites taxes devra s'appliquer indistinctement à tous les voyageurs, expéditeurs ou destinataires, et sans aucune faveur.

Tout kilomètre entamé sera considéré comme parcouru en entier.

Toute perception donnera lieu à la délivrance, au voyageur ou à l'expéditeur, d'un récépissé tiré d'un carnet à souches, indiquant le transport effectué et la taxe perçue; la souche portera les mêmes indications.

TITRE IV

Mesures cœrcitives. — Résiliation.

Article 16.

Pénalités en cas d'irrégularités dans le service.

En cas d'irrégularités dans le service, l'entrepreneur, outre les réductions normales de subvention qui résultent des parcours non effectués, sera passible, pour chacune des lignes, des retenues ci-après, à imputer sur les sommes à lui dues :

1° Voitures mixtes à voyageurs et à messageries :

10 francs pour aller et retour supprimé, sans que la retenue puisse dépasser 10 francs par jour et par ligne;

7 francs pour aller et retour incomplètement exécuté;
5 francs pour départ d'un arrêt avant l'heure fixée par l'horaire approuvé;
5 francs pour retard de plus d'une demi-heure à l'arrivée au terminus.

2° Camions ou remorques pour service dès marchandises :

7 francs par service de marchandises supprimé, en dehors de la dérogation prévue au dernier alinéa de l'article 10.

Le tout sous réserve des cas de force majeure dûment constatés.

ARTICLE 17.

Résiliation.

Si le service des voyageurs et celui des marchandises ne sont pas entièrement organisés dans le délai de quatre mois à dater du décret approbatif, l'entreprise pourra être résiliée.

Il en sera de même si, en cours d'exploitation, le service vient à être interrompu, même seulement sur une portion de ligne, pendant une période de quinze jours consécutifs, ou pendant plusieurs périodes formant ensemble plus de trente jours par an.

Dans tous les cas la résiliation sera prononcée par le Préfet, après mise en demeure et après avis du Conseil général. Elle ne donnera lieu à aucune indemnité ni à aucun dédommagement au profit de l'entrepreneur.

TITRE V

Clauses diverses.

ARTICLE 18.

Contrôle et surveillance.

L'entreprise sera soumise au contrôle et à la surveillance du Préfet, sous l'autorité du Ministre des Travaux publics.

Ce contrôle a pour objet de veiller à la sécurité et à la régularité de l'exploitation, à l'observation du cahier des charges, ainsi qu'à l'observation des prescriptions générales relatives à la police de la circulation et, notamment, de celles du décret du 31 décembre 1922.

Il a aussi pour objet de veiller à la perception exacte des taxes.

Les détails de son fonctionnement seront réglés par le Préfet, sur la proposition de l'Ingénieur en chef du Contrôle, l'entrepreneur entendu.

Article 18 *bis*.

Frais de contrôle et de surveillance.

Le Département et l'entrepreneur constatent d'un commun accord la nécessité d'organiser un contrôle de l'entreprise, tant en vue d'assurer la sécurité et la régularité de l'exploitation, que pour veiller à la perception exacte des taxes et déterminer les éléments de calcul des subventions.

Les frais de contrôle à la charge de l'entrepreneur sont fixés à 20 francs par kilomètre pour les 50 premiers kilomètres du réseau et à 10 francs par kilomètre pour les kilomètres en sus.

Les frais de contrôle, à la charge exclusive du Département, sont déterminés par le Conseil général et inscrits chaque année au budget du Département. Ils n'entrent pas en compte dans le calcul de la subvention de l'État.

La totalité des frais de contrôle sera avancée par l'entrepreneur et versée au plus tard chaque année avant le 31 janvier dans la caisse de M. le Trésorier-Payeur général de la Haute-Garonne.

Le premier versement sera effectué dans le délai de un mois au plus, à dater du décret approbatif du présent Avenant. Il sera calculé au prorata du temps écoulé entre la date dudit décret ou la date de la mise en service des lignes, lorsque celle-ci aura précédé ce décret, et le 31 décembre suivant.

Article 18 *ter*.

Comptabilité spéciale à l'entreprise subventionnée.

L'entrepreneur devra tenir constamment sa comptabilité à la disposition du Service du Contrôle.

Une comptabilité spéciale à l'entreprise subventionnée sera tenue dans le cas où, indépendamment de celle-ci, il exploiterait d'autres services ou entreprises subventionnés ou non.

Cette comptabilité devra comporter des comptes particuliers correspondant à chacun des chapitres et articles de la Note technique de façon à faire ressortir, en fin d'année, les sommes totales relatives aux divers faits de recettes et de dépenses.

Article 19.

Service des Postes.

a) L'entrepreneur sera tenu de recevoir à chacun des voyages figurant à l'horaire toutes les dépêches postales qui lui seront remises, tant au départ qu'à tous les points d'arrêts prévus, et de les transporter dans un coffre fermé à clef, dont les dimensions seront au moins d'un tiers (1/3) de mètre cube.

b) Il sera délivré à l'entrepreneur un carnet indiquant les arrêts où les dépêches lui seront remises ou reprises, ainsi que le nombre de dépêches à recevoir ou à remettre aux points fixés.

c) Le prix payé par l'Administration des Postes, Télégraphes et Téléphones pour le service des dépêches postales est fixé à 0 fr. 20 par kilomètre sur le parcours utilisé pour le premier quintal métrique indivisible, et à 0 fr. 08 par kilomètre par chaque demi-quintal ou fraction de demi-quintal en sus du premier quintal.

En vue de ces calculs, le parcours donnant lieu à rétribution est, pour chaque trajet utilisé, celui qui est effectué à partir du point de réception de la première dépêche jusqu'au point de livraison de la dernière.

Le poids moyen des dépêches sur chaque fraction du parcours, à chaque voyage, sera déterminé pour fixer le prix total à payer chaque année, par des épreuves faites à des jours et dans des saisons divers, suivant les circonstances.

d) En cas d'avarie ou de pertes de dépêches à lui confiées, l'entrepreneur est responsable du montant des groups et des indemnités dues à des tiers pour les chargements et objets recommandés, sans que sa responsabilité totale, pour chaque voyage, puisse dépasser 10.000 francs.

e) Lorsqu'un des voyages auxquels le transport des dépêches était prévu au carnet n'aura pas été effectué en totalité ou en partie, l'entrepreneur sera tenu de pourvoir au transport des dépêches postales dans les conditions ci-après :

1º Si le voyage a été empêché par des circonstances de force majeure, il sera indemnisé des dépenses faites pour le transport des dépêches, par le remboursement de ses dépenses, sans que l'indemnité allouée puisse dépasser quatre fois le salaire normal afférent à un service ordinaire;

2º Si le voyage n'a pas été empêché par des circonstances de force majeure, l'entrepreneur devra assurer gratuitement le transport des dépêches, faute de quoi il y sera pourvu par l'Administration, à ses frais, risques et périls.

f) L'entrepreneur sera tenu d'adapter gratuitement à ses voitures une boîte aux lettres dont il assurera la pose et la remise aux agents des Postes, aux points indiqués.

Les frais d'achat, d'entretien et de renouvellement de cette boîte incomberont à l'Administration des Postes.

g) L'entrepreneur pourra être requis de coopérer au Service des colis postaux, conformément aux lois, conventions, règlements et tarifs sur la matière.

Article 20.

Élection de domicile.

L'entrepreneur fait élection de domicile à Toulouse, 11, rue des Moutons.

ARTICLE 21.

Règlements généraux.

L'entrepreneur se conformera à toutes les prescriptions des lois, décrets et règlements intervenus ou à intervenir, concernant la circulation des véhicules automobiles.

Le présent contrat ne confère à l'entrepreneur aucun privilège ou aucun droit autres que ceux dont peuvent être investis les autres usagers des voies publiques.

Fait en double exemplaire,
A Toulouse, le 28 septembre 1923.

L'Entrepreneur,

Signé : LEGRAND.

Le Préfet,

Signé : Paul SECOND.

Enregistré à Toulouse (Dom.),
le 28 septembre 1923, — f° 43, — c° 4.
Reçu : six francs.

Signé : MARTIN, *receveur.*

DÉPARTEMENT DE LA HAUTE-GARONNE

Service Public de Transports en Commun par Voitures Automobiles.

(Voyageurs. — Messageries. — Marchandises).

RÉSEAU PRIMAIRE

La Société Anonyme des Transports Économiques Départementaux de la Haute-Garonne
(Société des T. E. D.), *Entrepreneur.*

NOTE TECHNIQUE

A) Consistance du réseau.

Le réseau comprend les lignes suivantes :

Ligne n° 1.	— De Toulouse à Verfeil, longueur	21ᵏ »
Ligne n° 2.	— De Toulouse à Saint-Félix, longueur	44 »
Ligne n° 3.	— De Saint-Gaudens à Boulogne, longueur	34 »
Ligne n° 4.	— De Saint-Gaudens à Saint-Béat longueur	32 »
Ligne n° 5.	— De Boussens à Aurignac, longueur	17 5
Ligne n° 6.	— De Martres-Tolosane à Saint-Gaudens par Aurignac, longueur.	33 »
Ligne n° 7.	— De Toulouse à Villemur par Montjoire, longueur	37 »
Ligne n° 8.	— De Toulouse à Villemur par Montastruc, longueur	43 »
Ligne n° 9.	— De Toulouse à Bourg-Saint-Bernard, longueur	25 »
Ligne n° 10.	— De Toulouse à Montgeard, longueur	37 »
Ligne n° 11.	— De Salies-du-Salat à Arbas, longueur	14 5
Ligne n° 12.	— De Toulouse à Saint-Pé-del-Bosc, longueur	84 »
Ligne n° 13.	— De l'Isle-en-Dodon à Montréjeau par Anan, Saint-Pé-del-Bosc et Blajan, longueur	50 »
Ligne n° 14.	— De Cazères au Fousseret, longueur	8 5
	Longueur totale du réseau	480ᵏ5

B) Modalités d'exploitation du réseau.

Matériel.

Le réseau primaire est exploité à l'aide des véhicules suivants :

1° *Grandes voitures*, pouvant porter soit :

20 voyageurs, 500 kilos de messageries et 2 tonnes de marchandises ou 30 voyageurs et 500 kilos de messageries (voitures mixtes).

(Poids utile maximum : 4.000 kilos. — Moteur de 25/35 HP);

2° *Remorques*, à un essieu, destinées à être attelées aux grandes voitures et pouvant porter 2 tonnes de marchandises. (La remorque est attelée lorsque l'affluence des voyageurs ne permet pas de placer les 2 tonnes de marchandises sur la grande voiture);

3° *Petites voitures*, pouvant porter de 10 à 14 voyageurs et 250 kilos de messageries.

(Poids utile maximum : 1.300 kilos. — Moteur de 15 HP.)

Nombre de Voyages.

L'exploitation comporte les services suivants :

1° *Service normal régulier.* — Ce service comprend sur *toutes les lignes du réseau* :

Un voyage aller et retour *journalier* avec grande voiture;
Plus un voyage aller et retour *hebdomadaire* avec petite voiture.

Dans ces conditions, le nombre de kilomètres-voitures annuel relatif au service normal régulier est de :

Pour les grandes voitures :

480 km. $5 \times 2 \times 365$ jours .... 350.765 km.

Pour les petites voitures :

480 km. $5 \times 2 \times \frac{635}{7}$ .... 50.110 km.

2° *Services spéciaux pour marchandises.* — L'expérience a montré qu'il n'était utile d'atteler la remorque que quatre jours par semaine, en moyenne, sur les lignes :

Ligne n° 1. — De Toulouse à Verfeil 21k
Ligne n° 3. — De Saint-Gaudens à Boulogne 34
Ligne n° 8. — De Toulouse à Villemur par Montastruc 43
——— 98 km.

et une fois par semaine, en moyenne, sur les lignes :

Ligne n° 6. — De Martres-Tolosane à Saint-Gaudens 33k
Ligne n° 12. — De Toulouse à Saint-Pé-del-Bosc 84
——— 117 km.

Sur les autres lignes du réseau, le transport des marchandises peut, en général, être assuré par la grande voiture seule.

Par suite, le nombre annuel de kilomètres-remorques ressort à :

$$\left[\left(98 \times \frac{4}{7} + \frac{117}{7}\right) \times 2 \times 365\right] = \text{en chiffres ronds :....} \quad 53.080 \text{ km.}$$

3° *Services supplémentaires pour voyageurs.* — Sur quelques lignes du réseau, le service normal régulier serait insuffisant pour assurer certains jours (jours de foire ou de marché dans les principales localités), le trafic des voyageurs.

En plus du service normal défini ci-dessus, on a donc été amenéà effectuer des services spéciaux de voyageurs, comportant deux voyages aller et retour hebdomadaires par petites voitures, sur les lignes ci-après :

Ligne n° 1. — De Toulouse à Verfeil.............................. 21k
Ligne n° 3. — De Saint-Gaudens à Boulogne........................ 34
Ligne n° 8. — De Toulouse à Villemur par Montastruc.............. 43

98 km.

Le nombre annuel de kilomètres-voitures (petites voitures) correspondant à ces services spéciaux de voyageurs ressort, par suite, à :

$$98 \text{ km.} \times \frac{2}{7} \times 2 \times 365 \text{ jours} \ldots \quad 20.440 \text{ km.}$$

Nombre total annuel de kilomètres-voitures.

En résumé, le nombre total annuel de kilomètres, pour chaque nature de véhicules, s'établit comme il suit :

1° *Grandes voitures* :

Service normal régulier............................ 350.765 K. V.

2° *Remorques* :

Service spécial marchandises....................... 53.080 K. V.

NOTA. — La dépense des camions n'est pas prévue.

3° *Petites voitures* :

Service normal régulier.................... 50.110
Service spécial voyageurs.................. 20.440

70.550 K. V.

C) Établissement du prix de revient du kilomètre-voiture pour chaque nature de véhicule.

REMARQUE. — Les prix de revient justifiés ci-après ont été établis à la date du 1er avril 1922. Ils tiennent compte, par suite, du prix des carburants, huile et graisse et bandages, des frais d'impôts, de patente, d'assurance, etc..., à cette dernière date, ainsi que des résultats des statistiques et des essais qui ont été effectués en 1920 et 1921, en vue de la détermination de la consommation en matières essentielles (essence, huile et graisse, bandages...).

En ce qui concerne les frais généraux, on a tenu compte également des résultats fournis par la vérification de la comptabilité de la Société des T. E. D. en 1921.

I. — Frais de traction, de personnel, d'entretien et d'amortissement des véhicules.

A) **Grande voiture** pouvant porter 20 voyageurs, 500 kilos de messageries, 2 tonnes de marchandises, et pouvant tirer, en outre, une remorque de 2 tonnes de charge utile.

(Moteurs de 35/40 HP pour les parcours accidentés et de 25/30 HP pour les autres parcours.)

Prix de revient aux 100 kilomètres.

Essence ou benzol. — Consommation propre du moteur :

44 litres à 1 fr. 60 .... 70f 40

Consommation supplémentaire pour voitures de contrôle, dépannages, rodages des moteurs, essais et mises au point diverses :

3 litres à 1 fr. 60	4 80
Huile et graisse : 4 kilos à 2 fr. 85 (y compris rodages et vidanges).	11 40
Carbure : 500 grammes à 1 franc le kilo	0 50
Pétrole : 1 litre à 1 fr. 20	1 20
Nettoyage (essence, acide, pétrole, chiffons)	0 60
Bandages pleins : le jeu de 1.000×130 avant, jumelés arrière, à raison de 479 francs l'un, soit : 479f×6=2.874 francs; usure en 10.000 kilomètres, soit, pour 100 kilomètres	28 74
Pièces de rechange	25 »
Amortissement en 150.000 kilomètres du prix de la voiture (48.000 fr.), soit, aux 100 kilomètres	32 »
A reporter	174f 64

Report.................................... 174f 64

Entretien de la carrosserie (3.000 fr. par an, correspondant à 300 jours de marche en moyenne par voiture, soit 10 francs par jour en moyenne). — Le parcours moyen journalier étant de :

$$\frac{480^{k}5 \times 2}{14} = 68.643 \text{ km.}$$

la dépense d'entretien par 100 kilomètres sera donc :

$$10^{f} \times \frac{100}{68\,643} = \ldots\ldots\ldots \quad 14\ 57$$

Personnel de la voiture.

1 chauffeur à 18 francs }
1 receveur à 12 francs } 30 francs.

dans l'hypothèse d'un parcours moyen journalier de 68 km. 643.

Soit, pour 100 kilomètres :

$$30^{f} \times \frac{100}{68{,}643} \text{ soit} \ldots\ldots\ldots \quad 43\ 70$$

Impôts. — 636 francs par an.

Soit, aux 100 kilomètres :

$$636^{f} \times \frac{100}{300 \times 68{,}643} = \ldots\ldots\ldots \quad 3\ 08$$

Total aux 100 kilomètres..................... 235f 99

Dépense au kilomètre :

$$\frac{235^{f}\,99}{100} = 2^{f}\,3599, \text{ soit} \ldots\ldots\ldots \quad 2^{f}\,36$$

B) **Remorque à un essieu.**

PRIX DE REVIENT AUX 100 KILOMÈTRES.

Essence : 6 litres à 1 fr. 60.............................. 9f 60
Bandages pleins : 4 de 920×120 à 386 francs l'un, soit 1.544 fr.; usure en 10.000 kilomètres, soit, par 100 kilomètres....... 15 44

A reporter.................................... 25f 04

Report 25f 04

Graissage et divers 1 50
Amortissement en 150.000 kilomètres du prix de la remorque (6.000 fr.), soit, par 100 kilomètres .... 4 »

Total aux 100 kilomètres 30f 54

Dépense au kilomètre :

$\frac{30^f 54}{100} = 0^f 3054$, soit 0f 31

C) **Petite voiture** de 14 places et pouvant porter 250 kilos de messageries (moteur de 15/18 HP).

PRIX DE REVIENT AUX 100 KILOMÈTRES.

Essence ou benzol. — Consommation propre du moteur :

26 litres à 1 fr. 60 .... 41f 60

Consommation supplémentaire pour contrôle, dépannages, rodages des moteurs, essais et mises au point diverses :

2 litres à 1 fr. 60 .... 3 20
Huile et graisse : 3 kilos à 2 fr. 85 (y compris rodages et vidanges). 8 55
Carbure : 500 grammes à 1 franc le kilo 0 50
Pétrole : 0 l. 5 à 1 fr. 20 .... 0 60
Nettoyage (essence, acide, pétrole, chiffons) 0 40

Pneumatiques câblés de 935×135, simples avant, jumelés arrière, six pneus et chambres à 455 francs le jeu, soit 2.730 francs les six; usure en 7.000 kilomètres, soit, aux 100 kilomètres :

$\frac{2.730^f \times 100}{7.000 \text{ km.}} =$ .... 39 »

Pièces de rechange .... 18 »

Amortissement en 150.000 kilomètres du prix de la voiture (32.000 fr.) :

$\frac{32.000^f \times 100}{150.000} =$ 21 30

Entretien de la carrosserie (1.250 fr. par an). Parcours moyen annuel d'une petite voiture, 10.000 kilomètres. Entretien aux 100 kilomètres :

$\frac{1.250}{10.000} \times 100$, soit 12 50

A reporter 145f 65

Report 145f 65

Personnel. — Un chauffeur à 18 francs pour un parcours journalier moyen de 68 km. 643.

Soit, pour 100 kilomètres :

$$\frac{18 \text{ fr.}}{68{,}643} \times 100 \text{ km., soit} \ldots\ldots\ldots\ldots \quad 26\ 22$$

Impôts. — 348 francs par an et par voiture, dont le parcours moyen est égal à :

$$\frac{69.710 \text{ km.}}{8} = 8.714 \text{ km.}$$

Soit, par 100 kilomètres :

$$348 \times \frac{100}{8.714} = \ldots\ldots\ldots\ldots \quad 4\ \text{»}$$

Total aux 100 kilomètres 175f 87

Dépense au kilomètre :

$$\frac{175^{f}\,87}{100} = 1 \text{ fr. } 7587, \text{ soit} \ldots\ldots\ldots\ldots \quad 1^{f}\,76$$

II. — Frais généraux de l'entreprise.

A) *Capital de premier établissement.*

8 voitures de 15/18 HP à 32.000 francs l'une	256.000f »
15 voitures de 25/35 HP à 48.000 francs l'une	720.000 »
6 remorques à 6.000 francs l'une	36.000 »
2 camions à 30.000 francs l'un	60.000 »
Achat de matériel de réparation et d'outillage	41.290 »
2 voitures de surveillance et de contrôle : 18.000 fr. + 12.000 fr.	30.000 »
2 motocyclettes à 2.500 francs l'une	5.000 »
5 bicyclettes à 400 francs l'une	2.000 »
Aménagement des garages et bureaux de Toulouse et de Saint-Gaudens.	15.000 »
Frais de constitution et d'émission de la Société anonyme	85.000 »
Fonds de roulement	200.000 »
Total du capital de premier établissement	1.450.290f »

B) *Charges du capital.*

Intérêts du capital de premier établissement à 7 % :

$$1.450.290^{f} \times \frac{7}{100} = \ldots\ldots\ldots\ldots \quad 101.520^{f}\,30$$

c) *Frais généraux annuels.*

Assurances :

1° *Du matériel roulant* :

a) Incendie (dans le garage seulement), 250 francs en moyenne; soit, pour 23 autobus et 2 camions :

25×250	6.250f »	
b) Accidents aux tiers, 475 francs en moyenne par autobus ou camion :		
25×475	11.875 »	
Remorques : 6×118	708 »	
Voitures de contrôle et motos	1.840 »	
2° Assurance contre l'incendie des locaux	2.500 »	
3° Assurance contre accidents du personnel (5 % environ des salaires)	14.200 »	
		37.373f »

Impôts et patentes.

Impôts : 2 camions à 500 francs l'un	1.000f »	
— Voitures de contrôle et motos	1.012 »	
— Impôt sur les dividendes	6.300 »	
— Abonnement au timbre	10.000 »	
Patentes, impôts fonciers et divers	1.175 53	
		19.487 53

Dépenses diverses.

Locations d'immeubles et garages : 13.974+4.285	18.259f »	
Frais de bureaux, d'imprimés et tickets	17.556 70	
Indemnités aux représentants locaux	9.500 »	
Frais d'atelier, électricité, charbon, eau et divers	8.000 »	
Frais d'exploitation (déplacements de chauffeurs, réclamations pour pertes et avaries, chauffage prévu par la Convention, accidents au matériel), imprévus et divers	50.000 »	
		103,315 70

Direction et personnel.

1 directeur général à Toulouse	15.000 »	
1 directeur local à Saint-Gaudens	9.600 »	
A reporter	24.600 »	160.176 23

Report	24.600 »	160.176f 23
1 chef mécanicien de dépôt à Toulouse	8.400 »	
1 chef mécanicien de dépôt à Saint-Gaudens	8.400 »	
2 contrôleurs volants (6 000 + 2.400)	8.400 »	
1 chef comptable à Toulouse	6.000 »	
5 commis	18.000 »	
3 mécaniciens à chacun des deux garages principaux (payés de 2 fr 25 à 3 fr par heure)	33.750 »	
1 dactylographe	3.600 »	
1 concierge et garçon de courses	3.600 »	
4 chauffeurs et 2 receveurs pour repos hebdomadaire et de secours	24.000 »	
		138.750 »

Amortissement en 7 ans :

a) Des 2/3 des dépenses afférentes à l'achat de matériel et d'outillage (41.290) et de l'aménagement des garages et des bureaux de Toulouse et de Saint-Gaudens (15.000).

Soit : $\frac{56.290}{7} \times \frac{2}{3}$ (en chiffres ronds) .... 5.361 »

b) De la totalité des dépenses afférentes :

A l'acquisition des 2 voitures de contrôle .... 30.000 } $\frac{37.000}{7}$ = ... 5.285 71
Des 2 motocyclettes et bicyclettes .... 7.000 }

Et aux frais d'émission (85.000) :

$\frac{85\,000}{7}$ = ... 12.142 86

Frais de contrôle .... 5.305 »

Total des frais généraux annuels 327.020f 80

Une partie de ces frais généraux doit être mise à la charge du réseau secondaire d'autobus.

Les frais généraux communs au réseau primaire et au réseau secondaire sont les suivants :

Assurances pour voitures de contrôle et motos	1.840f »
Assurances contre l'incendie des locaux	2.500 »
Assurances contre accidents au personnel	14.200 »
A reporter	18.540f »

Report.................................... 18.540f »

Impôts sur voitures de contrôle et motos, patentes, impôt sur les dividendes, impôts fonciers et divers :

(1.012 + 6.300 + 10.000 + 1.175.53). 18.487 53

Dépenses diverses :.

(18.259 + 17.556,70 + 8.000) 43.815 70

Direction et personnel.. 138.750 »

Amortissements :

(5.361 + 5.285.71 + 12.142,86) .... 22.790 »

Total des frais généraux annuels communs aux deux réseaux... 242.383f 23

Nous admettrons que ces frais généraux annuels communs se répartissent entre les deux réseaux proportionnellement aux frais annuels de mouvement. Nous rappelons que si N est le nombre annuel de kilomètres-voitures afférent à un élément de transport dont le prix du kilomètre-voiture (frais de traction, personnel, entretien) est D, les frais annuels de mouvement pour cet élément de transport seront égaux à :

$$N \times D.$$

Les frais annuels de mouvement se déterminent comme il suit :

Réseau primaire. — Grandes voitures :

350.765 K.V. × 2 fr. 36................................. 827.805 40

Remorques :

53.080 K. V. × 0 fr. 31................................. 16.454 80

Petites voitures :

70.550 K. V. × 1 fr. 76................................. 124.168 »

Total des frais de mouvement pour le réseau primaire 968.428f 20

Réseau secondaire.

La consistance de la partie de ce réseau qui est exploitée ou à exploiter par la Société des T. E. D. a une longueur totale réelle de 328 kilomètres et une longueur réduite d'environ 160 kilomètres.

Par suite, les frais de mouvement annuels de ce réseau, qui est exclusivement exploité par petites voitures, sont de :

160 km. × 2 × 365 j. × 1 fr. 76........................... 205.568f.

Dans ces conditions, la fraction des frais généraux communs à mettre à la charge du réseau secondaire ressort à :

$$\frac{205.568}{968.428+205.568} = \ldots\ldots\ldots\ldots \quad 0.176 \text{ »}$$

Nous admettrons 0 fr. 20 afin de prévoir l'extension du réseau départemental.

Par suite, la part des frais généraux communs à mettre à la charge de ce dernier réseau est égale à :

$$242.383{,}23 \times 0{,}20 = 48.476^{f}\,64.$$

Donc, les frais généraux annuels incombant au réseau d'État sont :

$$327.020^{f}\,80 - 48.476^{f}\,64 = 278.544 \text{ fr. } 16.$$

Soit................................ 278.550ᶠ »

III. — Répartition des charges du capital et des frais généraux annuels sur les différentes natures de véhicules en service.

Soient x, y, z, la part afférente à chaque nature de véhicule, par kilomètre-voiture, des charges du capital et des frais généraux annuels dont le montant total est égal à F.

Soient A, B, C, le nombre de kilomètres-voitures annuels pour chaque nature de véhicule : grande voiture, remorque, petite voiture.

On doit avoir, tout d'abord, la relation :

$$Ax + By + Cz = F \ (1).$$

Dans laquelle :

A)	Grandes voitures..............................	350.765 K. V.
B)	Remorques..............................	53.080
C)	Petites voitures..............................	70.550
et *F)*	Charge du capital, plus frais généraux annuels : 101.520,30 + 278.550, soit..............................	380.070ᶠ 30

D'autre part, les frais de traction, de personnel, d'entretien et d'amortissement des véhicules, ont été trouvés égaux :

Pour la grande voiture, à..............................	2ᶠ 36
Pour la remorque, à..............................	0 31
Pour la petite voiture, à..............................	1 76

Nous ventilerons les charges du capital et les frais généraux annuels proportionnellement aux produits :

A × 2f 36 B × 0f 31 C × 1f 76

On aura ainsi les relations :

(2) $$\frac{x}{A \times 2{,}36} = \frac{y}{B \times 0{,}31} = \frac{z}{C \times 1{,}76}$$

La résolution du système formé par les équations (1) et (2) donne :

$x = 1{,}04875$, soit 1,05
$y = 0{,}02084$, soit.............................. 0,02
$z = 0{,}1573$, soit.............................. 0,16

IV. — Prix de revient total du kilomètre-voiture pour chaque nature de véhicule.

En faisant la somme, pour chaque nature de véhicule, des frais de mouvement (traction, personnel, frais d'amortissement, etc...) et des valeurs de x, y, z, calculées ci-dessus, on obtient le prix de revient total du kilomètre-voiture.

Le tableau ci-dessous fait ressortir le prix de revient total du kilomètre-voiture.

Nous avons, en outre, décomposé ces valeurs de x, y, z, en deux éléments afférents, l'un aux charges du capital et l'autre aux frais généraux annuels proprement dits. Cette décomposition s'obtient très simplement en remarquant que les charges du capital de premier établissement (101.520 fr. 30) représentent les $\frac{267}{1.000}$ de la somme *charge du capital plus frais généraux annuels*

(101.520 fr. 30 + 278.350 francs. Soit : 380.070 francs).

qui a servi de base à la détermination des valeurs de x, y, z.

Grande voiture.	Mouvement	2,36	3 fr. 41
	Charges du capital	0,28	
	Frais généraux	0,77	
Remorque	Mouvement	0,31	0 fr. 33
	Charges du capital	0,005	
	Frais généraux	0,015	
Petite voiture	Mouvement	1,76	1 fr. 92
	Charges du capital	0,04	
	Frais généraux	0,12	

D) Détermination de la subvention kilométrique.

1° *Recette à admettre par kilomètre de voie publique desservie.*

Pendant l'année 1921, la recette annuelle moyenne du réseau, par kilomètre de longueur de voie desservie, a été de	1.202f 30
En tenant compte d'une augmentation probable de trafic due, pour une part, à la revision de la consistance du réseau, à l'augmentation de l'intensité du service sur certaines lignes et, pour une autre part, à la reprise des affaires, nous considérerons une recette kilométrique annuelle moyenne de.	1.225 »

2° *Prix de revient annuel de l'exploitation du réseau suivant le programme du Cahier des charges.*

1° Avec les grandes voitures :	
350.765 K. V. à 2 fr. 36 l'un	827.805f 40
2° Avec les remorques :	
53.080 kilomètres-remorques à 0 fr. 31 l'un	16.454 80
3° Avec les petites voitures :	
70.550 K. V. à 1 fr. 76 l'un	124.168 »
4° Charges du capital de premier établissement	101.520 30
5° Frais généraux annuels	278.550 »
Total des charges annuelles de l'exploitation dans lesquelles les frais généraux entrent pour environ 20 %	1.348.498f 50

Soit, par kilomètre de voie desservie :

$$\frac{1.348.498\ 50}{480,5} = 2.806^{f}\ 44.$$

Soit .... **2.810** francs en chiffres ronds.

3° *Détermination du chiffre de la subvention.*

Il résulte de ce qui précède que la subvention par kilomètre de voie desservie doit être de :

2.810 fr. — 1.225 fr. = 1.585 francs.

E) Calcul de la recette kilométrique,

à partir de laquelle le Département bénéficierait d'une part des recettes dans l'hypothèse où la subvention totale versée par le Département avec le concours de l'Etat atteindrait 1.585 *francs par kilomètre de voie publique desservie.*

Charges annuelles de l'exploitation	1.348.498f 50
Subvention totale maximum :	
1.585f × 480,5	761.592 50
Différence à couvrir par la recette directe	586.906 »

Soit, par kilomètre exploité :

$\frac{586.906}{480,5}$ = 1.221f40, soit	1.220f »
Recette kilométrique-limite à admettre pour le partage des recettes	1.250f »

correspondant à un bénéfice industriel de 30 francs par kilomètre de longueur de voie publique desservie, ou à un bénéfice égal à 1 % du capital engagé.

F) Calcul de la subvention allouée,

pour chaque kilomètre parcouru, par place offerte aux voyageurs, par tonne de capacité offerte pour les messageries, et par tonne de capacité offerte pour les marchandises.

(Art. 4 de la Convention).

Longueur totale du réseau	480 km. 5

Nombre de kilomètres-voitures annuels pour l'entier réseau et pour chaque élément de transport :

Grandes voitures (20 places)	350.765 K. V.
Petites voitures (14 places)	70.550
Remorques	53.080

Calcul du nombre de places-voyageurs offertes annuellement par kilomètre de voie publique desservie.

Pour une année et pour l'entier réseau, on a :

Grandes voitures :

350.765 K.V. × 20 pl.	7.015.300 P. V. K.
A reporter	7.015.300

Report.......................... 7.015.300 P. V K.

Petites voitures :

70.550 K. V. × 14 pl................................ 987.700

Supplément de capacité pour la grande voiture (10 places) correspondant à l'emploi de la remorque :

53.080 K. V. × 10 pl................................ 530.800

Total des places-voyageurs-kilomètres offertes annuellementet pour l'entier réseau....... 8.533.800 P. V. K.

Soit, par kilomètre de voie publique desservie :

$$\frac{8.533.800 \text{ pl.}}{480^{k}5} = 17.760 \text{ places kilomètre-voyageurs.}$$

Calcul du nombre de tonnes-messageries offertes annuellement par kilomètre de voie publique desservie.

Pour une année et pour l'entier réseau, on a :

Grandes voitures :

350.765 K. V. × 0 t 5.......................... 175.383 T. K Mess.

Petites voitures :

70.550 K. V. × 0 t. 250.......................... 17.637

Nombre de tonnes kilométriques-messageries annuelles pour l'entier réseau .... 193.020 T. K. Mess.

Soit, par kilomètre de voie publique desservie :

$$\frac{193.020}{480^{k}5} = 401 \text{ tonnes kilomètre-messageries.}$$

Calcul du nombre de tonnes-kilomètre-marchandises offertes par kilomètre de voie publique desservie.

Pour une année et pour l'entier réseau, on a :

Grandes voitures :

350 765 K. V. × 2 t.............................. 701.530 T. K. M.

Soit, par kilomètre de voie publique desservie :

$$\frac{701.530}{480 \text{k}.5} = 1.460 \text{ tonnes-kilométriques-marchandises}$$

Calcul des subventions élémentaires K, K', K''.

La subvention totale versée par le Département avec le concours de l'État étant de 1.100 francs par kilomètre de voie publique desservie, et K, K', K'' étant les subventions kilométriques respectivement allouées par place-voyageur-kilométre, par tonne-kilomètre-messagerie, et par tonne-kilométrique-marchandises offerte, on doit avoir :

$$1\,100^{f} = 17.760 \times K + 401 \times K' + 1\,460 \times K''.$$

Mais ces subventions kilométriques doivent être proportionnelles aux prix respectifs de la place-kilométrique-voyageur, de la tonne-kilométrique-messageries et de la tonne-kilométrique-marchandises. Nous prendrons, pour ces diverses unités de trafic, les tarifs moyens que nous allons indiquer.

Voyageurs. — 0 fr. 20 par kilomètre.

Messageries. — Le tarif moyen est de 3 francs par tonne et par kilomètre.

Marchandises. — Pour les marchandises, le tarif unique est de 1 fr. 20 par tonne et par kilomètre.

On aura donc la relation :

$$\frac{K}{20} = \frac{K'}{300} = \frac{K''}{120}$$

D'où :

$$K' = \frac{300}{20} K = 15 K.$$

$$K'' = \frac{120}{20} K = 6 K.$$

Par suite :

$$1.100 \text{ fr.} = (17.760 + 401 \times 15 + 1.460 \times 6) \times K.$$

$$1.100 = 32.535 K.$$

D'où :

$$K = \frac{1.100}{32.535} = 0{,}0338$$

$$K' = 15 \times K = 0{,}507$$

$$K'' = 6 \times K = 0{,}2028$$

Les chiffres à inscrire à la Convention sont donc, en arrondissant en millimes :

K = 0f 034 K′ = 0f 510 K″ = 0f 200

VÉRIFICATION

Décompte résultant de l'application des coefficients K, K′, K″, aux capacités prévues annuellement par kilomètre de voie publique desservie.

Voyageurs	17.760 × 0f 034 =	603f 84
Messageries	401 × 0 510 =	204 51
Marchandises	1.460 × 0 200 =	292 »
		1.100f 35

La subvention prévue à l'article 4 de la Convention est de 1.100 francs. Les deux nombres sont donc très sensiblement égaux.

Fait en double exemplaire à Toulouse, le 28 septembre 1923.

L'Entrepreneur,
Signé : LEGRAND.

Le Préfet,
Signé : PAUL SECOND.

Toulouse. — LES FRÈRES DOULADOURE, impr., rue Saint-Rome, 39. — 5019.